AF495260

DÉCLARATION DU ROI,

QUI ordonne que, dans six mois pour tout délai, les Supérieurs de chacune des Maisons de la Société des Jésuites seront tenus de remettre au Greffe du Conseil les Titres de leurs établissemens en France.

Donnée à Versailles le 2 Août 1761.

OUIS par la grace de Dieu, Roi de France & de Navarre : A nos amés & féaux Conseillers les Gens tenans notre Cour de Parlement à Paris : SALUT. Lorsque nous nous sommes fait remettre les Constitutions de la Société des Jesuites, qui auroient été apportées par eux au Greffe de notredite Cour de Parlement, en exécution de son Arrêt du 17 Avril dernier, Nous nous sommes proposés d'en prendre connoissance par nous-mêmes, pour déterminer l'usage que nous pouvions avoir à faire de notre autorité, dans une matiere qui ne peut être mise en regle que par des Lettres émanées de nous : Nous aurions en conséquence choisi des personnes de notre Conseil, pour nous en rendre compte incessamment,

& nous leur aurions fait remettre en même-tems plusieurs autres Piéces qui concernent l'Institut de ladite Société, & son établissement en France. Mais le compte qu'elles nous ont rendu, en nous faisant sentir encore plus l'importance de cet objet, & l'attention qu'il exigeoit de nous, nous a fait aussi connoître qu'il étoit à propos d'y joindre l'examen des Titres d'établissement des différentes Maisons de cette Société; de maniere que nous fussions entierement en état de regler tout ce qui peut la concerner par des Lettres Patentes enregistrées en nos Cours, suivant l'ordre établi dans notre Royaume. Et comme cet objet intéresse non-seulement un des Ordres Religieux le plus répandu dans notre Royaume, mais même le Public & notre Etat, il nous a paru nécessaire de déterminer plus particulierement ce qui peut conduire à y mettre promptement l'ordre que nous désirons y apporter, soit en fixant un délai pour nous procurer les éclaircissemens dont nous pourrons avoir besoin, soit en écartant tout ce qui, dans cet intervalle, pourroit déranger les mesures que nous comptons prendre, pour expliquer définitivement nos intentions à ce sujet. A CES CAUSES & autres à ce nous mouvant, de l'avis de notre Conseil & de notre certaine science, pleine puissance & autorité Royale, nous avons, par ces Présentes signées de notre main, dit, déclaré & ordonné, disons, déclarons & ordonnons, que dans six mois pour tout délai, à compter du jour de l'enregistrement des Présentes, les Supérieurs de chacune des Maisons de ladite Société seront tenus de remettre au Greffe de notre Conseil les Titres & piéces de leursdits établissemens, pour, sur le vu d'iceux & desdites Constitutions, & sur le compte qui nous en sera rendu par lesdites perſonnes de notre Conſeil, enſemble ſur les repréſentations qui nous auroient été adreſſées à ce ſujet par noſdites Cours, ou ſur les Mémoires que nos Procureurs Généraux en icelles auroient jugé à propos de nous envoyer, être, par nos Lettres Patentes adreſſées à noſdites Cours dans la forme ordinaire, pourvu à tout ce qui pourra concerner ledit Ordre Religieux, & ſon établiſſement en France. Au ſurplus, ordonnons que pendant un an, à compter du jour de l'enregiſtrement des Préſentes, il ne pourra être rien ſtatué ni définitivement, ni proviſoirement en noſdites Cours, ſur tout ce qui pourra concerner leſdits Inſtitut, Conſtitutions & Etabliſſemens des Maiſons de ladite Société, ſi ce n'eſt qu'il en ſoit autrement par nous ordonné. SI VOUS MANDONS que ces Préſentes vous ayez à faire lire, publier & regiſtrer, & le contenu en icelles faire garder & obſerver, & exécuter ſelon leur forme & teneur : CAR tel eſt notre plaiſir. Donné à Verſailles, le deuxieme jour d'Août 1761, & de notre Regne le quarante ſixieme. *Signé*, LOUIS. *Et plus bas* : Par le Roi, PHELYPEAUX. Scellée du grand Sceau de cire jaune.

Regiſtrée, oui ce requérant le Procureur *Général du Roi, pour être exécutée ſelon ſa forme & teneur, ſans approbation de toutes prétendues Conſtitutions & Inſtitut des Prêtres, Ecoliers & autres de la Société ſe diſant de* JESUS ; *& ſans que le titre de Société des Jéſuites & la qualification d'*Ordre Religieux *donnée par ladite Déclaration auxdits Prêtres & Ecoliers, ni l'énoncé de titres d'Etabliſſement en France, tant de ladite Société en général, que des Maiſons particulieres d'icelles, puiſſent être tirées à conſéquence, ni leur donner autres & plus grands droits que ceux qui peuvent légiti-*

mement leur appartenir : Comme aussi, sans que, des dispositions de ladite Déclaration qui donneroient à entendre qu'il seroit besoin de nouvelles Lettres-Patentes pour mettre en Regle l'Institut de ladite Société & son état en France, il en puisse être induit que pour juger de l'état qu'elle peut avoir en France, ou de la légitimité dudit Institut, il soit nécessaire de changer préalablement ledit état par de nouvelles Lettres-Patentes : N'entendant ladite Cour s'interdire de statuer sur ledit état quand & ainsi qu'il appartiendra, sur le vû desdites Lettres Patentes déja obtenues par ladite Société & Arrêts d'enregistrement d'icelles : & cependant il sera sursis conformément à ladite Déclaration pendant un an à statuer sur lesdits Institut, Constitutions & Etablissemens des Maisons de ladite Société, par Arrêts définitifs ou provisoires, autres néanmoins que ceux à l'égard desquels le serment de la Cour, sa fidélité, son amour pour la Personne sacrée dudit Seigneur Roi, & son attention au repos public ne lui permettroient pas d'user de demeure & dilation suivant l'exigence des cas : A la charge que l'apport des titres concernant ladite Société ou ses Maisons particulieres établies dans le Ressort de la Cour, ordonné par ladite Déclaration, sera fait au Greffe des dépôts de la Cour dans le délai porté par ladite Déclaration, pour, desdits titres, être par la Cour rendu audit Seigneur Roi tel compte qu'il appartiendra ; même lui être par ladite Cour remis lesdits titres, expéditions d'iceux préalablement faites, ensemble collation & dépôt au Greffe de la Cour desdites expéditions : Ordonne que dans le même délai lesdits Supérieurs de chacune desdites Maisons seront tenus de remettre pareillement au Greffe des dépôts de la Cour un état signé d'eux, & par eux affirmé véritable, pardevant M. Joseph Marie Terray, Conseiller-Rapporteur, de tous les Membres de ladite Société étant dans leſdites Maiſons ou affiliés à icelles ; dans lequel état ſeront énoncés leurs noms, ſurnoms, âge, pays de leur naiſſance, fonctions & grades dans ladite Société ou dans ſes Maiſons particulieres, diſtinction des titres de Profès de trois ou quatre vœux, de Coadjuteurs ſpirituels ou temporels, ou autres titres en ladite Société, date de leur Profeſſion ou émiſſion de vœux, deſquels vœux ſimples ou ſolemnels ſeront joints extraits certifiés véritables & conformes aux Regiſtres tenus d'iceux ; ſeront pareillement par les Supérieurs remis états ſignés d'eux, de tous les biens appartenans, à quelque titre que ce ſoit, à ladite Société dans chacune deſdites Maiſons, fondations acquittées en icelles & bénéfices unis, deſquelles unions ſeront par eux repréſentés les titres en bonne forme : Ordonne que copies collationnées ſeront envoyées aux Bailliages & Sénéchauſſées du Reſſort, pour y être lues, publiées & regiſtrées ; enjoint aux Subſtituts du Procureur Général du Roi d'y tenir la main, & d'en certifier la Cour dans le mois, ſuivant & conformément à l'Arrêt de ce jour. Sera en outre très-humblement repréſenté audit Seigneur Roi, que ſon Parlement ne peut voir qu'avec peine que ledit Seigneur Roi ſemble annoncer à ſon Parlement par une Déclaration à lui adreſſante, l'établiſſement d'un dépôt illégal & autre que celui de la Cour pour la remiſe des Actes dont ledit Seigneur Roi juge devoir être inſtruit pour le bien général de ſon Etat. A Paris, en Parlement, toutes les Chambres aſſemblées, le ſix Août mil ſept cens ſoixante-un.

Signé, DUFRANC.

ARREST DE LA COUR DE PARLEMENT,

EXTRAIT DES REGISTRES du Parlement.

Du 6 Août 1761.

VU par la Cour, toutes les Chambres assemblées, le compte rendu en ladite Cour par l'un des Conseillers en icelle, le 17 Avril dernier, au sujet des Constitutions, Regime & Institut des Prêtres & Ecoliers se disant de la Société *de Jesus*; Arrêt de la Cour, toutes les Chambres Assemblées, dudit jour 17 Avril, qui ordonne que lesdits Prêtres & Ecoliers de ladite Société seront tenus de remettre dans trois jours au Greffe de ladite Cour un Exemplaire imprimé des Constitutions de ladite Société, notamment de l'Edition faite d'icelles à Prague en 1757, & citée dans l'Ecrit imprimé ayant pour titre: *Mémoire à consulter, & Consultation pour les Jésuites de France, de l'Imprimerie de*

L. Cellot, rue Dauphine 1761 ; signification faite à la requête du Procureur Général du Roi, ledit jour 17 Avril 1761 dudit Arrêt, par Griveau, Huissier de la Cour, aux Supérieurs des Maisons du Noviciat, du Collége, & Professe des Jésuites de cette Ville de Paris ; Certificat de Saint-Jean, Greffier Civil des dépôts de la Cour du 18 Avril 1761, que deux Volumes intitulés, *Institutum Societatis Jesu, Pragæ, anno* 1757, ont été déposés par le Frere Antoine de Montigny, de la Compagnie dite *de Jesus*, Procureur Général de la Province de France ; Arrêté de la Cour du 30 Mai 1761, portant que par quatre Commissaires d'icelle vérification seroit faite, & Procès-Verbal de collation dressé d'un Exemplaire en deux volumes *in folio* représenté à la Cour, & intitulé, *Institutum Societatis Jesu, Pragœ, anno* 1757, sur l'exemplaire ci-dessus représenté par ledit Greffier des dépôts ; Procès-verbal dressé en la Chambre du Conseil de la Tournelle, ledit jour 30 Mai 1761, de relevée, en exécution de l'Arrêt de ladite Cour du même jour, de la collation & examen dudit Exemplaire, sur celui précédemment remis au Greffe de ladite Cour ; autre Arrêté dudit jour 30 Mai 1761, de relevée, par lequel, en conſéquence de la conformité deſdits Exemplaires des Conſtitutions de ladite Société, de la même Edition faite à Prague en 1757, auroit été ordonné que l'Exemplaire précédemment apporté au Greffe de ladite Cour, ſeroit, ſuivant les intentions du Roi, remis ès mains dudit Seigneur Roi; Arrêté de la Cour du 2 Juin dernier, portant remiſe de la Délibération au 3 Juillet; autre compte rendu en la Cour les 3, 4, 6 & 7 Juillet dernier, par les Gens du Roi, du contenu èſdits deux Volumes, en exécution dudit Arrêté, & de l'Arrêt de la Cour du 17 Avril précédent; autre Arrêté de la Cour du 8 Juillet dernier, portant que par des Commiſſaires d'icelle ſeront vûs & examinés, tant leſdits comptes rendus par l'un des Conſeillers de la Cour, & par les Gens du Roi, que ledit Exemplaire deſdites Conſtitutions; Concluſions du Procureur Général du Roi; Oui le rapport de M^e Joſeph-Marie Terray, Conſeiller: tout conſidéré:

LA COUR, toutes les Chambres aſſemblées, reçoit, en tant que beſoin eſt ou ſeroit, le Procureur Général du Roi Appellant comme d'abus de la Bulle commençant par le mot *Regimini*, donnée le 5 des Calendes d'Octobre 1540, par Paul III. portant pour titre : *Prima Instituti Societatis Jesu approbatio*; d'autre Bulle commençant par ces mots, *Injunctum nobis*, donnée la veille des Ides de Mars 1543, portant pour titre, *Facultas quosvis idoneos ad Soc. Jesu, sine restrictione numeri, admittendi, & Constitutiones condendi*; d'autre Bulle commençant par ces mots, *Exposcit debitum*, donnée le 12 des Calendes d'Août 1550, portant pour titre : *Confirmatio alia Instituti, cum majori, tum illius, tum aliorum Societatis Indultorum, declaratione*; d'autre Bulle commençant par ces mots, *Sacræ Religionis*, donnée le 31 Décembre 1552, portant pour titre : *Confirmatio privilegiorum Societati concessorum & aliorum nova Concessio*; & généralement de toutes Bulles, Brefs, Lettres Apostoliques, concernant les Prêtres & Ecoliers de la Société se disant de Jesus, Constitutions d'icelle, Déclarations sur lesdites Constitutions, Formules de Vœux, Decrets des Généraux ou des Congrégations générales de ladite Société, & généralement de tous autres Réglemens ou actes semblables :

Notamment en ce que ledit Institut de ladite Société seroit attentatoire à l'autorité de l'Eglise, à celle des Conciles généraux & particuliers, à celle du Saint Siége & de tous les Supérieurs Eccléſiaſtiques, & à celle des Souverains; en tant que, d'un côté, par leſdites Conſtitutions, le Général pourroit tout dans ladite Société, au préjudice des déciſions deſdits Conciles, des Bulles émanées du Saint Siége, des réglemens preſcrits par tous Supérieurs Eccléſiaſtiques, & des Loix émanées des Princes temporels; & que, d'un autre côté, aucune Puiſſance, ni ſpirituelle ni temporelle, ne pourroit rien dans ladite Société, à laquelle non-ſeulement auroit été attribuée la faculté de changer, caſſer & révoquer ſes propres Conſtitutions, & de s'en donner de nouvelles, ſuivant la diverſité des tems, des lieux & des objets, ſans ſubir à cet égard aucune inſpection, même de la part du Saint Siége, dont l'autoriſation ſeroit cenſée attachée de plein droit à toutes les variations utiles à ladite Société; mais encore auroit été accordé, au cas qu'il intervînt, de la part de l'Egliſe, du Saint Siége, ou de quelqu'autre Puiſſance que ce fût, quelque acte de révocation ou de réformation, de pouvoir en ce cas rétablir tout de ſa propre autorité dans l'ancien état, & même ſous telle date que voudront choisir la Société, le Général ou les Supérieurs d'icelle; le tout sans qu'il soit besoin d'obtenir, même du Saint Siége, ni autorisation, ni consentement, ni confirmation. (1)

(1) Non obstantibus...... Generalis Concilii hujusmodi, aliisque Apostolicis, necnon in Provincialibus & Sydonalibus Conciliis editis Generalibus vel specialibus constitutionibus & Ordinationibus. (*Bulle* Pastor. Offic. 1578. *tome* 1. *Edition de Prague*, *pag*. 64. *col*. 2.)

Decernentes...... nullo unquam tempore per nos, aut sedem prædictam revocari, aut limitari, vel illis derogari posse..... & quoties revocari, alterari, limitari vel derogari contingat, toties in pristinum, & eum, in quo ante præmissa erant, statum restitutas, de novo, & etiam sub posteriori datâ per....... Præpositum Generalem eligendâ, & concessas esse & fore (*Bulle* Dum

---

(1) Nonobstant toutes Constitutions Apostoliques, toutes Ordonnances générales ou spéciales, émanées de Conciles Généraux, d'Assemblées Provinciales & Synodales.

Voulant qu'en aucun tems il ne puisse être rien révoqué, limité ou dérogé [desdites Constitutions] par nous ou par ce Saint Siege; & que toutes les fois qu'il arrivera qu'il y soit révoqué, altéré, limité quelque article, ou dérogé en quelque point, le Supérieur Général puisse les rétablir dans l'état où elles étoient auparavant, même sous une date postérieure, telle qu'il plaira au Général de la choisir; & que les choses ainsi rétablies soient censées ac-

En ce que ſous le nom de ladite Société, un ſeul homme exerceroit une puiſſance Monarchique ſur la Société entiere, répandue dans tous les Etats, & ſur l'univerſalité de ſes Membres, & des perſonnes vivantes ſous ſon obéiſſance, même ſur celles qui ſeroient exemptes, même ſur celles qui ſeroient pourvues de facultés quelconques; & que cette Puiſſance s'étendroit non ſeulement ſur l'adminiſtration des biens & ſur le droit de paſſer tous contrats, d'annuller ceux déja faits, même en vertu de ſes pouvoirs, mais ſeroit tellement une & entiere, que chacun

indefeſſæ, 1571, *tom.* 1. *pag.* 43. *col.* 1.)

Et tam hactenus factas, quàm in poſterum faciendas Conſtitutiones ipſas, juxtà locorum & temporum ac rerum qualitatem & varietatem, mutare, alterare, ſeu in totum caſſare, & alias de novo condere poſſint & valeant: quæ poſtquàm mutatæ, alteratæ, ſeu de novo conditæ fuerint, eo ipſo apoſtolicâ autoritate præfatâ

---

cordées de nouveau [par ce Saint Siege.]

De notre Autorité Apoſtolique nous leur accordons, par une grace ſpéciale, le pouvoir & la faculté de changer, altérer, ou même abroger entierement, ſelon la qualité & la variété des lieux, des tems & des choſes, tant les Conſtitutions déja faites, que celles qu'ils feront à l'avenir, & d'en faire encore de nouvelles; &

de ceux qui composent ladite Société ; seroit tenu de lui obéir aveuglément comme à J. C. lui-même, quelque chose que commande ce Général, sans réserve, sans exception, sans examen,

confirmatæ censeantur, eâdem Apostolicâ autoritate de speciali gratiâ indulgemus. (*Bulle* Injunctum nobis 1543. *tom.* 1. *pag.* 10. *col.* 2.)

Nulla persona Societatis privilegium aliquod contrà communia ipsius Societatis statuta postulare audeat, aut obtentum retinere.... si quæ verò impetrabuntur hujusmodi à Sede Apostolicâ.... irrita sunt & inania.... nisi.... consentiente Societate sit derogatum. (*Compend. verbo* privileg. §. 3. *tom.* 1. *p.* 327. *col.* 1.)

Et quoties emanabunt (litteræ revocantes vel limitantes) toties in pristinum & eum in quo anteà quomodolibet erant, statum, restituta,

---

lorsqu'elles auront été ainsi changées, altérées, ou qu'il en aura été fait de nouvelles, nous voulons que le tout soit censé aussitôt avoir été confirmé par la même Autorité Apostolique.

Que personne de la Société ne soit assez osé pour demander aucun privilége contraire aux Statuts communs de la même Société, ou pour le retenir après qu'elle l'auroit obtenu... Que s'il est jamais accordé de ces sortes de priviléges par le Siege Apostolique, nous les déclarons dès-à-présent nuls & de nulle valeur.... à moins que.... ce ne fût du consentement de la Société qu'il fût ainsi dérogé [à ses Statuts.]

Et toutes les fois qu'il émanera [du Saint Siege des Lettres révoquant ou limitant ces

& sans hésiter même intérieurement : d'apporter à l'exécution de tout ce qu'il prescrira, la même plénitude de consentement & d'adhésion qu'ils ont pour la créance des Dogmes même de la foi Catholique : d'être dans ses mains comme un cadavre, ou comme un bâton dans celles d'un vieillard, ou comme Abraham sous les ordres de Dieu qui lui commandoit d'immoler son Fils : en se pénétrant du principe, que tout ce qu'on lui commande est juste, & en ab-

reposita, & plenariè redintegrata, ac de novo, etiam sub datâ per Societatem, illiusque Præpositum Generalem, & alios Superiores prædictos quandocumque eligendâ, concessa, ac etiam confirmata... absque eo quod desuper à dictâ Sede illorum ulterior restitutio, revalidatio, confirmatio, seu nova concessio, impetranda sit. *Bulle* Ecclesiæ Catholicæ, 1590. *tom.* 1. *p.* 104. *col.* 2.)

Statuts,] nous voulons qu'autant de fois ils puissent être rétablis & pleinement réintégrés dans le premier état où ils étoient auparavant, par la Société, par son Général & ses autres Supérieurs, comme s'ils leur étoient accordés de nouveau, & même confirmés, sous telle date que ces Supérieurs voudront choisir chaque fois ; sans qu'il soit besoin d'obtenir du Saint Siege ce rétablissement ultérieur, cette revalidation, confirmation, ou nouvelle concession.

diquant tout ſentiment perſonnel & toute volonté propre (2).

(2) Univerſam gubernandi rationem.... Ignatius fundator...., Monarchicam tamen, & in definitionibus unius Superioris arbitrio contentam eſſe decrevit. (*Bulle* Eccleſiæ Catholicæ, *tom.* 1. *p.* 102. *col.* 1.)

Plenam in univerſos ejuſdem Societatis ſocios & perſonas ſub ejus obedientiâ degentes, ubilibet commorantes, etiam exemptos, etiam quaſcumque Facultates habentes, ſuam Juriſdictionem exerceat. (*Bulle* Licet debitum, 1549. *tom.* 1. *p.* 14. *col.* 2.)

Eſt item penès Præpoſitum generalem omnis facultas agendi quoſvis contractus emptionum aut venditionum. (*Conſt*, *part.* 9. *tom.* 1. *p.* 436. *col.* 2.)

Et quamvis aliis inferioribus præpoſitis, vel viſitatoribus, vel Commiſſariis ſuam Faculta-

---

(2) Le Fondateur Ignace a réglé que la maniere générale de gouverner [dans la Société] ſeroit Monarchique, & renfermée dans les ordres arbitraires du ſeul Supérieur.

Qu'il exerce (ce Supérieur) une pleine juriſdiction ſur tous les Membres de ladite Société, & ſur toutes les perſonnes qui ſe ſont aſſujetties à ſon obéiſſance, en quelque lieu qu'ils demeurent, quand même ils ſeroient exempts, & quelques droits & facultés qu'ils ayent.

Toute la faculté de paſſer tous contrats d'achats & de ventes eſt au pouvoir du Général.

Et quoique [ce Général] communique ſon pouvoir [de contracter] aux Supérieurs ſubalternes, ou aux Viſiteurs, ou à des Commiſſai-

En ce que ladite autorité abſolue s'étendroit même ſur le Contrat naturel, qui liant les Membres à la Société, doit lier la Société à ſes Membres ; que néanmoins ladite Société ne ſeroit au-

tem communicet (Generalis), poterit tamen approbare vel reſcindere quod illi fecerint. (*ibid. p.* 438. *col.* 2.)

Singuli ſubditorum..... non ſolùm Præpoſito, in omnibus ad Inſtitutum Societatis pertinentibus, parere ſemper teneantur ; ſed in illo Chriſtum veluti præſentem agnoſcant, & quantum decet venerentur. (*Bulle* Expoſcit debitum, 1550. *tom.* 1. *p.* 23. *col.* 2.)

Jubendi jus totum penès Præpoſitum erit. (*Bulle* Regimini, 1540. *tom.* 1. *p.* 6. *col.* 2.).

(Poterit Præpoſitus Generalis) in omnibus quod videbitur conſtituere ; & ſemper ei obedientiam ac reverentiam, ut qui Chriſti vices gerit,

---

res, il aura néanmoins la liberté d'approuver ou d'annuller ce qu'ils auront fait.

Que chacuns des Sujets . . . ſoient non-ſeulement tenus d'obéir toujours au Général dans toutes les choſes qui appartiennent à l'Inſtitut de la Société ; mais qu'ils regardent en ſa perſonne Jeſus-Chriſt comme préſent, & qu'ils ayent pour lui toute la vénération qui convient.

Le droit de commander réſide tout entier dans le ſeul Général.

Le Général pourra, en toutes choſes, ſtatuer ce qu'il jugera à propos ; & il faudra toujours lui rendre obéiſſance & reſpect, comme à celui qui tient la place de Jeſus-Chriſt.

cunement

cunement engagée de ſon côté ; & que tandis que tous ſes Membres lui ſeroient

præſtari oportebit. (*Conſt. part. 9. tom. 1. p. 438. col. 2.*)

Ut ſtatuatis vobiſcum ipſi, quidquid Superior præcipit, ipſius Dei præceptum eſſe & voluntatem : atque ut ad credenda, quæ Catholica fides proponit, toto animo aſſenſuque veſtro ſtatim incumbitis ; ſic ad ea facienda, quæcumque Superior dixerit, cœco quodam impetu voluntatis parendi cupidæ, ſine ullâ prorsùs diſquiſitione feramini. Sic egiſſe credendus eſt Abraham filium Iſaac immolare juſſus. (*Ep. Præpoſiti Generalis, tom. 2. p. 165. col. 2.*)

Sibi quiſque perſuadeat, quòd qui ſub obedientiâ vivunt, ſe ferri ac regi à divinâ Providentiâ per Superiores ſuos, ſinere debent, perinde ac ſi cadaver eſſent, quod quoquoverſus ferri, & quâcumque ratione tractari ſe ſinit : vel

---

Vous devez vous perſuader que tout ce que le Supérieur ordonne, eſt le commandement & la volonté de Dieu même : & comme vous croyez ſans héſiter, de tout votre cœur & de tout votre eſprit, tout ce que la Foi Catholique vous propoſe ; de même il faut vous porter avec l'aveugle impétuoſité d'une volonté empreſſée d'obéir, & ſans aucun examen, à faire tout ce que le Supérieur ordonne. On doit croire que c'eſt ainſi qu'en agit Abraham, lorſqu'il reçut ordre d'immoler ſon fils Iſaac.

Que chacun ſe perſuade, que ceux qui vivent ſous l'obéiſſance, doivent ſe laiſſer mouvoir & gouverner par la Divine Providence, [*c'eſt-à-dire,*] par leurs Supérieurs avec auſſi peu de

définitivement liés, le Général pourroit en tout tems renvoyer chacun d'eux, ſans être tenu de pourvoir à leurs beſoins temporels, même les plus urgens (3).

ſimiliter atque ſenis baculus, qui ubicumque & quâcumque in re velit eo uti, qui eum manu tenet, ei inſervit. (*Conſt. part 6. tom. 1. p. 408. col. 1.*)

Obedientia tum in executione, tum in voluntate, tum in intellectu ſit in nobis ſemper omni ex parte perfecta; cum magnâ celeritate, ſpirituali gaudio & perſeverantiâ, quidquid nobis injunctum fuerit, obeundo; omnia juſta eſſe nobis perſuadendo, omnem ſententiam ac judicium noſtrum contrarium cæcâ quâdam obedientiâ abnegando (*ibid. col. 1.*)

(3) Declaramus memoratam Societatem Jeſu

---

réſiſtance qu'un cadavre qui ſe laiſſe porter partout où l'on veut, & manier de tous ſens; ou comme un bâton, dont le vieillard qui l'a en main ſe ſert en tous lieux & à tous les uſages auxquels il veut l'employer.

Qu'en nous [les Jéſuites] l'obéiſſance ſoit toujours parfaite à tous égards, ſoit dans l'exécution, ſoit dans la volonté, ſoit dans l'entendement; accompliſſant tout ce qui nous eſt enjoint, avec une grande célérité, avec une joye ſpirituelle & avec perſévérance; nous perſuadant que tout ce qu'on nous commande eſt juſte, renonçant par une obéiſſance aveugle à tout ſentiment & à tout jugement contraire qui s'éleveroit en nous.

(3) Nous déclarons que ladite Société n'eſt

En ce que, pour d'autant plus assûrer l'exercice de ce pouvoir absolu, l'esprit général dudit Institut, suivi dans les Constitutions, seroit de n'établir différentes Régles apparentes, qu'en les détruisant en même temps, soit par d'autres Régles opposées qui se trouveroient dans d'autres endroits des mêmes Constitutions, soit par des distinctions & exceptions de tout genre, ajou-

non teneri, nec obligatam esse ad ullam subministrationem, sivè congruæ sustentationis, sive alimentorum, sive alio quocumque titulo & causâ, illis faciendam, qui post triennium probationis, & emissionis votorum simplicium, extrà dictam Societatem à suis superioribus ejiciuntur, tametsi, dum in eâ permanebant, ad Sacros, etiam Presbyteratûs, Ordines sine Beneficio ecclesiastico, ac patrimonio, & ad titulum Religiosæ paupertatis promoti fuerint : sicque & non aliter in præmissis per quoscumque judi-

---

tenue ni obligée de rien fournir pour la nourriture & l'entretien convenable, ou à quelqu'autre titre ou pour quelqu'autre raison que ce soit, à ceux que les Supérieurs chassent de son sein après les trois années de Probation, & après l'émission des vœux simples ; quand même, pendant leur séjour dans ladite Société, ils auroient reçu les Ordres Sacrés, celui même de la Prêtrise, sans Bénéfice Ecclésiastique, sans patrimoine, sans autre titre, en un mot, que celui de la pauvreté religieuse, Nous ordonnons

tant que dans la pratique les Membres de ladite Société ne ſont obligés, même ſous peine de péché véniel, à aucun des points contenus dans leſdites Conſtitutions, à moins qu'il ne leur ſoit ſpécialement preſcrit en vertu de la ſainte obéiſſance, par le Supérieur qui a droit de juger de ce qui convient aux occaſions & aux perſonnes : enſorte que le ſeul point conſtant ſeroit de faire régler & décider tout par le ſeul Général de ladite Société (4).

ces ordinarios & delegatos..... ſublatâ eis & eorum cuilibet quàvis aliter judicandi & interpretandi facultate, & autoritate, judicari, & definiri debere; ac irritum & inane, ſi ſecùs ſuper his à quoquam quâvis autoritate, ſcienter vel ignoranter, contigerit attentari, decernimus, (*Bull.* Injuncti nobis. 1728. *tom.* 1. *p.* 200. *col.* 2.)

(4) Qui quidem Præpoſitus, de conſilio Con-

à tous Juges, ordinaires & délégués, qui auroient à prononcer ſur cette matiere, de juger ainſi & non autrement; leur ôtant, à tous & à chacun d'eux, tout pouvoir & autorité de donner un autre jugement ou une autre interprétation; déclarant nul & de nul effet ce qu'ils attenteroient de ſtatuer de contraire, ſoit avec connoiſſance de cauſe, ſoit par ignorance, quels que ſoient ces Juges, & quelqu'autorité qu'ils ayent.

(4) Le Général, de l'avis de ſes Aſſiſtans,

En ce qu'il ſeroit accordé audit Inſtitut toutes ſortes de Priviléges, même ceux qui ſeroient le plus contraires aux

ſociorum, Conſtitutiones.... in Concilio condendi autoritatem habeat, majori ſuffragiorum parte ſemper ſtatuendi jus habente. Concilium verò intelligatur eſſe, in rebus quidem gravioribus ac perpetuis, major pars totius Societatis, quæ à Præpoſito commodè convocari poterit; in levioribus autem & temporaneis, omnes illi, qui in loco ubi Præpoſitus noſter reſidebit, præſentes eſſe contigerit. (*Bulle* Regimini, *tom.* 1. *p.* 6. *col.* 2.) Concilium verò neceſſariò convocandum ad condendas vel immutandas Conſtitutiones, & alia graviora, ut alienare vel diſſolvere domos ac Collegia ſemel erecta, intelligatur eſſe major pars totius Societatis profeſſæ, juxtà Conſtitutionum noſtrarum declarationem,

---

aura le droit de faire des Conſtitutions dans une aſſemblée, ayant toujours droit de ſtatuer moyennant la plus grande partie des ſuffrages. Or quand il s'agit de ſtatuer en choſes graves & à perpétuité, l'aſſemblée ſera du plus grand nombre de perſonnes de toute la Société, que le Général aura pû commodément convoquer. Mais s'il n'eſt queſtion de ſtatuer que ſur des choſes peu importantes & paſſageres, il ſuffira d'aſſembler ceux qui ſe trouveront préſens dans le lieu où réſide le Général. (Bulle *Regimini.*) L'aſſemblée qu'il eſt indiſpenſable de convoquer pour changer les Conſtitutions, ou pour en faire de nouvelles, pour d'autres objets très-graves, tel que celui d'a-

Droits des Puiſſances temporelle & ſpirituelle, à ceux des Ordinaires, des Paſteurs du ſecond Ordre, des Uni-

quæ ſine magno incommodo poteſt à Præpoſito generali convocari : in aliis, quæ non ita magni momenti ſunt, idem Præpoſitus, adjutus, quatenùs ipſe opportunum judicabit, fratrum ſuorum conſilio, per ſeipſum ordinandi & jubendi jus totum habeat. (*Bulle* Expoſcit debitum, 1550. *tom.* 1. *p.* 22. *col.* 2.)

In veſtitûs itidem ratione tria obſerventur : primum, ut honeſtus ille ſit ; alterum, ut ad uſum loci in quo vivitur, accommodatus ; tertium, ut profeſſioni paupertatis non repugnet. Videretur autem repugnare ſi ſericis vel pretioſis pannis uteremur ; à quibus abſtinendum eſt, ut in omnibus humilitatis & ſubmiſſionis debita

---

liéner ou de détruire des Maiſons ou des Collèges déja établis, ſera, ſuivant la déclaration de nos Conſtitutions, compoſée du plus grand nombre de ceux de la Société Profeſſe, que le Général pourra convoquer ſans une grande incommodité. Mais dans les choſes qui ſont d'une moindre importance, le Général, aidé du Conſeil de ſes Freres, autant qu'il le jugera à propos, a tout droit d'ordonner & de commander par lui-même.

Quant à la maniere de s'habiller, il faut obſerver trois choſes ; la premiere, que l'habillement ſoit honnête : la deuxiéme, qu'il ſoit conforme à l'uſage du pays où l'on vit : la troiſiéme, qu'il s'accorde avec la profeſſion que nous faiſons de pauvreté : or il ſembleroit

verſités & des autres Corps Séculiers & Réguliers : & que dans le cas où on

ad majorem Dei gloriam ratio habeatur (*Conſt. ſix. Part. chap.* 2. *§.* 15. *tom.* 1. *p.* 410. *col.* 1.) Hoc intelligendum eſt in iis, quibus Domus novas veſtes providet; non tamen repugnat, quòd qui Societatem ingrediuntur, ſi panno pretioſiore aut re ſimili induti venerunt, eo uti poſſint: nec etiam ſi in occurrenti aliquâ occaſione vel neceſſitate quis veſtibus melioribus, honeſtis tamen, indueretur: ſed ad ordinarium veſtiendi modum eis uti non debent. Et nihilominus conſiderandum quòd non omnes eiſdem viribus naturalibus, nec ſanitate corporis, nec ætate ad eam convenienti pollent: atque ità juxtà majus particulare bonum hujuſmodi perſonarum, &

---

y être contraire, de porter des habits de ſoye ou d'étoffes précieuſes. On doit donc s'en abſtenir, afin de garder en toutes choſes l'extérieur d'humilité & d'abaiſſement qui convient pour la plus grande gloire de Dieu. (Conſtit. 6e part.) Ce [qu'on vient de preſcrire] doit s'entendre lorſque la Maiſon doit fournir de nouveaux habits: car il n'y a point d'inconvénient que ceux qui entrent dans la Société, uſent les habits qu'ils y ont apportés, quoiqu'ils ſoient de l'étoffe la plus précieuſe: il n'y en a pas non plus de donner à quelques-uns de plus beaux habits, honnêtes néanmoins, lorſque certaines occaſions où la néceſſité le demandent: mais ils ne doivent pas ſervir pour l'uſage ordinaire. On doit auſſi conſidérer que tous n'ont pas les mêmes forces de corps, la même ſanté, & ne ſont pas dans l'âge robuſte. On doit donc avoir égard au plus grand

voudroit attaquer lesdits Priviléges, molester ou inquiéter tacitement ou ex-

universale aliarum multarum, id considerandum est; &, quoad ejus fieri poterit, ad majorem Dei gloriam providendum. (*Decl. sur le Chap.* 2. *ibid. p.* 411. *col.* 2. *&* 412. *col.* 1.)

Omnia quæ speciem habent sæcularis negotiationis, in colendis videlicet agris, vendendis in foro fructibus, & similibus, intelligantur prohibita esse nostris. (*Decrets de la seconde Congregation, n°.* 61. *ibid.* 499. *col.* 1.) Cùm postulatum esset quænam essent illa quæ negotiationis speciem habent, à quibus nostri juxtà Canonem vigesimum quintum Congregationis secundæ abstinere jubentur; censuit Congregatio, varia illa esse, neque omnia recenseri posse; inter alia tamen numerari hæc posse: Primò, conducere

---

bien particulier de ces personnes, & au bien général de la multitude [dans la qualité des habits que l'on donne aux uns & aux autres;] & tout ordonner, autant qu'il est possible, à la plus grande gloire de Dieu.

Il faut entendre que tout ce qui a l'apparence de commerce séculier, soit dans la culture des champs, soit dans la vente des fruits au Marché, & autres choses semblables, est défendu aux nôtres. (*Decrets de la seconde Congrégation*). Comme on avoit demandé quelles étoient les choses qui avoient l'apparence du commerce, dont il est ordonné aux nôtres de s'abstenir, par le vingt-cinquiéme canon de la 2e. Congrégation; la Congrégation décida qu'il y en avoit un si grand nombre qu'on ne pouvoit les spécifier; qu'entre autres on pouvoit comp-

pressement

pressément ledit Institut, il lui seroit concédé de se nommer des Conserva-

agros alienos, ut ex iis lucrum & quæstum facias: non tamen habere speciem negotiationis, eos conducere ad prædiorum nostrorum administrationem, vel animalium nostrorum sustentationem. Secundo, emere aliqua, ut nostrâ posteâ industriâ cariùs vendantur. Emere tamen animalia ad prædiorum pascua consumenda, quæ posteà divendantur, non censuit negotiationis speciem habere; sicut nec emere quæ putantur usibus nostrorum necessaria, quæ superflua posteà vendantur. Tertio, Typographiæ sumptus pro edendis nostrorum libris suppeditare, exemplaque damno lucroque nostro divendenda accipere: quæ res, licet absolutè negotiatio Clericis interdicta non sit, nostris tamen videtur omninò interdicenda, nec nisi gra-

---

ter celles-ci, 1°. de prendre à ferme les champs d'autrui, pour y faire un lucre & un gain; ce qui n'auroit pas lieu néanmoins, si l'affermage de ces champs étoit nécessaire pour faire valoir nos propres terres, ou pour nourrir nos bestiaux. 2°. d'acheter des choses, pour les vendre plus chérement par notre industrie. On n'a pas cru néanmoins qu'il y eût apparence de négoce, à acheter des bestiaux pour consumer nos pâturages, & à les vendre ensuite; non plus qu'à acheter ce que l'on a cru nécessaire pour notre subsistance, & à vendre ensuite ce qui n'a pas été consommé. 3°. de fournir aux frais de l'impression des Livres qui sont faits par les *Nôtres*, & de prendre toute l'Edition, pour vendre les Exemplaires à nos risques &

teurs avec faculté d'employer pour leur

vissimas ob causas à P. nostro permittenda. Quartò, Typographiam in collegiis habere, in quâ libri excusi externis divendantur. In utrâque tamen Indiâ, partibusque Septentrionalibus, pro libris piis & ad Religionem spectantibus, scholarumque nostrarum, cum vel Typographi desunt, vel Catholici desunt, judicio P. nostri rem totam committendam censuit. (*Decrets de la septiéme Congregation*, n°. 84. *ibid.* p. 607. *col.* 2. & 608. *col.* 1.) Studiosè devitet (Procurator Provinciæ) omnem speciem negotiationis, aut quæsiti lucri, emptione aut venditione rerum aliunde acceptarum, aut aliò mittendarum, permutatione pecuniarum, aliterve. Si tamen contingeret ex negotiorum gef-

---

fortune. Quoique ce ne soit pas là un négoce absolument interdit aux Clercs, il a paru néanmoins devoir être défendu aux *Nôtres*; ensorte que le P. Général ne le leur permette que pour des raisons très-graves. 4°. d'avoir des Imprimeries dans nos Colléges, pour vendre aux *Externes* les Livres qui s'y imprimeroient. Cependant la Congrégation a laissé au Général de décider si nous ne pourrons pas avoir des Imprimeries dans les deux Indes & dans les Regions Septentrionales, pour les Livres de Piété, de Religion, & à l'usage de nos Ecoles; attendu que dans ces Pays il n'y a ni Imprimeurs ni Catholiques. (*Decrets de la septiéme Congrég.*) Que le Procureur de la Province évite avec soin toute apparence de négoce, ou de recherche de gain par l'achat & la vente des Marchandises qu'il feroit venir, on qu'il enver-

défense toutes les ressource opportunes

tione lucrum aliquod suâ quasi sponte enasci ; sciat non licere ipsi de eo disponere, nisi ex judicio Provincialis, & illud omne deducendum esse in rationes, haud secùs ac cætera accepta & expensa. (*Regulæ Procuratoris Provinciæ : tom.* 2. *p.* 144. *col.* 2.)

Ne in laqueum ullius peccati... incidant... visum est nobis... nullas Constitutiones, Declarationes, vel ordinem ullum vivendi, posse obligationem ad peccatum mortale vel veniale inducere ; nisi superior ea in nomine Domini nostri Jesu-Christi, vel in virtute obèdientiæ juberet ; quod in rebus, vel personis illis, in quibus judicabitur, quòd ad particulare uniuscujusque, vel ad universale bonum

---

roit, par le change de monnoyes, ou autrement. Que s'il arrivoit qu'en faisant les affaires il lui survînt quelque gain qui se seroit présenté comme de lui-même, qu'il sçache qu'il ne lui est permis d'en disposer que selon le jugement du Provincial, & qu'il doit le porter en compte, tout comme ses autres recettes & dépenses.

Afin que les *Nôtres* ne tombent pas dans le lien du péché, il nous a paru [convenable de déclarer] qu'aucunes Constitutions ni Déclarations, aucune regle de vie, ne peuvent former des obligations dont le violement soit péché mortel ou même veniel ; à moins que le Supérieur n'en commande l'observation au Nom de J.C. Notre-Seigneur, ou en vertu de l'obéissance : ce qu'il pourra faire pour les choses, & par rapport aux personnes, où il jugera que ce précepte est très-

de droit & de fait, même ſans reſpecter la puiſſance Royale (5).

multum conveniet, fieri poterit. (*Conſt. part. 6. tom. 1. pag* 414. *col.* 2. *& p* 415.)

(5) Societas & univerſi illius Socii, ac perſonæ, illorumque bona quæcumque, ab omni Superiorate, Juriſdictione, & correctione ordinariorum ſunt exempta ac libera.... ita quòd præfati Prælati aut quævis alia perſona nequeat, etiam ratione delicti, ſeu contractus, vel rei de quâ agitur, ubicumque committatur delictum, ineatur contractus, aut res ipſa conſiſtat, Juriſdictionem quomodolibet exercere. (*Compend. verbo* Exemptio, *tom.* 1. *p.* 296 *&* 297.)

Generali..... bona..... vendere..... liti deſuper habitæ, ac actioni etiam in non poſſeſſorem cedere, & reum citare, utilitatemque venditio-

---

convenable pour le bien de ces Particuliers & pour le bien général.

(5) La Société, tous ſes Membres, & toutes les perſonnes qui lui appartiennent, ainſi que tous leurs biens, ſont exempts & liberés de toute ſupériorité, Juriſdiction & correction des Ordinaires : enſorte que ces Prélats, ni aucune autre perſonne, ne peuvent exercer de Juriſdiction ſur eux, en quelque maniere que ce ſoit, pour raiſon de délit, ou de contrat, ou de la choſe qui ſeroit en diſcuſſion, en quelque lieu que ſe commette le délit, ou que le contrat ſe paſſe, ou quelle que ſoit la nature de la choſe.

Nous accordons au Général la faculté de pouvoir librement & licitement vendre les biens [de la Société], ſe déſiſter de toute procé-

En ce que chacune des dispositions susdites, notamment l'obligation imposée à tous les Membres de ladite So-

num, & aliorum hujusmodi, vel etiam necessitatem aut aliam causam propter quam fiant, simpliciter & absque figurâ judicii cognoscere, judicare, definire, & penitùs terminare liberè & licitè valeat, ... concedimus..... Necnon quidquid secùs super his à quoquam, quâvis autoritate, scienter vel ignoranter contigerit attentari, irritum & inane decernimus. (*Bulle* Ex debito, 1582, *tom.* 1. *p.* 70 71. *&* 72.

Universam Societatem omniaque & singula illius..... ubilibet consistentia...... à quibusvis decimis, etiam Papalibus, prædialibus, personalibus, quartis, medietatibus, & aliis fructuum partibus, subsidiis etiam caritativis, &

---

dure faite à leur sujet, & de toute action qu'il auroit même contre le non-possesseur, citer le coupable, connoître simplement & sans forme judiciaire de l'utilité, de la nécessité, ou de toute autre raison qui porteroit à vendre ou aliéner ces biens; juger, décider & terminer entiérement [ces sortes d'affaires :] & nous déclarons nul & de nul effet tout ce que toute autre personne, quelqu'autorité qu'elle ait, attenteroit de faire contre la décision de ce Général, soit qu'elle en fût instruite, ou qu'elle l'ignorât.

Nous exemptons à perpétuité toute la Société, tous & chacuns de ses biens, en quelque Pays qu'ils soient situés, de toutes Dixmes, même Papales, réelles, personnelles, qu'elles soient du quart ou de la moitié, ou de toute au-

ciété d'une obéissance aveugle dans l'exécution, comme dans l'acquiescement, envers toute volonté du Général, sans

aliis ordinariis oneribus.... Etiam.... pro defensione Patriæ ac aliàs quomodolibet, etiam ad Imperatorum, Regum, Ducum, & aliorum Principum instantiam, pro tempore Impositis..... perpetuò liberamus. (*Bulle* Exponi nobis, 1561. *tom.* 1. *p.* 32. *col.* 2. & *p.* 298. *col.* 1.)

Definitum est ne quis Rex, Principes, Duces.... Nostris seu rebus seu personis audeant vel præsumant Gabellas, Talias, Datia, Collectas, etiam pro pontium refectionnibus, aut viarum reparationibus..... inferre, indicere, vel imponere, aut.... exigere, sub excommunicationis & maledictionis æternæ pœnis : quas nisi, præsentium habitâ notitiâ, prorsùs destite-

---

ere partie des fruits; de tous autres subsides, même pour les pauvres; de toutes autres charges ordinaires, imposées ..... même passagerement..... pour la défense de la Patrie, ou pour quelque autre cause que ce soit, à la demande des Empereurs, des Rois, des Ducs & des autres Princes.

Il est défini qu'aucun Roi, Princes, Ducs..... n'aient l'audace ou la présomption d'imposer, exiger, publier ou même occasionner sur nos biens ou sur nos personnes ni Gabelles, ni Tailles, ni Collectes, ni autres Impôts, même pour le rétablissement des Ponts, ou les réparations des Chemins; & ce, sous peine d'excommunication & de malédiction éternelle, qu'ils encourront *ipso facto*, s'ils ne se désistent entié-

examen sur la justice d'aucun ordre émané de lui, l'étendue des prohibitions portées par lesdites Constitutions, le

rint, ipso facto incurrant. (*Compend. verbo* Exemptio. §. 8. *tom.* 1. *p.* 298. *col.* 2.)

Nec (licet) ullis Prælatis contrà aliquem de Societate, vel contrà alios eorum causâ, aliquam excommunicationis, suspensionis, vel interdicti sententiam..... ferre..... irrita esse censeatur. (*Bulla* Licet debitum 1549, *tom.* 1. *p.* 16. *col.* 2.)

Episcopi prohibere non possunt, ne à Dominicâ Palmarum usque ad Dominicam in Albis, administremus Sacramentum Pœnitentiæ. (*Compend. verbo* Confessarius *tom.* 1. *p.* 285, *col* 2.)

Christi fidelibus ipsis Eucharistiæ & alia Ecclesiastica Sacramenta sine alicujus præjudicio

---

rement aussi-tôt qu'ils auront connoissance du présent [privilége.]

Il n'est permis à aucun Prélat de prononcer Sentence d'excommunication, de suspense ou d'interdit contre qui que ce soit de la Société, ni même contre d'autres personnes à cause d'eux..... S'ils le font, leur Sentence doit être censée nulle.

Les Evêques ne peuvent pas nous défendre d'administrer le Sacrement de Pénitence depuis le Dimanche des Rameaux jusqu'à celui de *Quasi-modo.*

Nous pouvons administrer l'Eucharistie & les autres Sacremens de l'Eglise aux Fidéles, pourvû néanmoins que nous ne portions préjudice à

genre des pouvoirs attribués auxdits ſoi-diſans Conſervateurs, tendroient à compromettre la ſûreté même de la

miniſtrandi, Diœceſanorum locorum, Rectorum Parochialium & aliarum Eccleſiarum, aut quorumvis aliorum licentiâ deſuper minimè requiſitâ. (*Bulle* Cum inter, 1545. *tom.* 1. *p.* 12. *col.* 1.)

Epiſcopi.... non poſſunt tamen generatim prohibere ne noſtri prædicent in Eccleſiis Societatis. (*Compend. verbo* Prædicatores § 2. *tom.* 1. *p.* 325. *col.* 2.)

Omnes.... cujuſcumque conditionis exiſtant, qui.... Prædicationibus Fratrum Societatis.... in Eccleſiis ubi ipſi concionabuntur interſuerint, diebus hujuſmodi Miſſas & alia divina officia audire, & Eccleſiaſtica Sacramenta ibidem recipere, liberè & licitè valeant: Nec ad id, ad proprias Pariochales Eccleſias accedere teneantur. (*Bulle* Licet debitum 1549. *tom.* 1. *p.* 16. *col.* 2.)

---

perſonne, ſans avoir beſoin de la permiſſion des Ordinaires, des Curés ou des Supérieurs des autres Egliſes.

Les Evêques ne peuvent pas nous faire une défenſe générale de prêcher dans les égliſes de la Société.

Tous ceux..... de quelque condition qu'ils ſoient, qui aſſiſteront aux Prédications des Freres de la Société, ou qui iront dans les égliſes où ils prêchent, pourront librement & licitement ces jours-là entendre la Meſſe, l'Office Divin, & recevoir les Sacremens dans ces Egliſes, & ne ſeront point tenus d'aller pour cela à leurs propres Paroiſſes.

personne des Rois: Que des articles plus précis encore desdites Constitutions concourroient à porter atteinte à cette sûreté: & que d'ailleurs chacun des Membres de ladite Société étant obligé de se soumettre aux définitions d'icelle, dans

Societati singulisque illius personis ac eorum familiaribus..... ut in quibuscumque causis tam civilibus quam criminalibus ac mixtis.... omnes & singulos Archiepiscopos...... & Cathedralium Ecclesiarum Canonicos...... in suos possint assumere conservatores & judices ordinarios.... Ipsis sic electis.... aut uni eorum.... non permitterent Societatem..... à quibuscumque personis tam sæcularibus quàm Ecclesiasticis, ac quâcumque autoritate & superioritate fungentibus, quoquomodo indebitè molestari.... detentores.... injuriatores.... necnon contradictores quoslibet & rebelles, etiamsi aliàs.... qua-

---

La Société, chacun de ses Membres, & même de ses Domestiques ont droit, dans toutes leurs causes, tant civiles que criminelles, & mixtes, de se choisir parmi les Archevêques, Evêques..... Chanoines de Cathédrale, des Juges Conservateurs & ordinaires..... Tous ces Juges, ni aucun d'eux, ainsi choisis..... ne permettront pas que la Société soit injustement molestée en quelque maniere que ce soit, par quelques personnes que ce puisse être, quelqu'autorité & quelque dignité qu'elles ayent; ils reprimeront les..... Détempteurs.... . les Auteurs des injures..... tous les opposans & les rebelles, quelque qualifiés qu'ils fussent d'ailleurs..... par

les objets même de leur Doctrine, sur lesquels ils auroient des opinions différentes des Sentimens de l'Eglise, il ne doit & ne peut y avoir qu'une créance, une doctrine & une morale uniforme dans ladite Société, sçavoir celles qu'elle jugeroit les plus accommodées au tems,

lificati existerent...... per sententias, censuras & pœnas Ecclesiasticas, aliaque opportuna juris & facti remedia, appellatione postpositâ, compescendo. (*Bulle* Æquum reputamus, 1573. *t.* 1. *p.* 45. *col.* 1.)

Non permittentes eos.... per quoscumque... quâcumque, etiam Pontificali, Regiâ vel aliâ autoritate fungantur, publicè vel occultè, directè vel indirectè, tacitè vel expressè, quovis quæsito colore...... molestari vel inquietari. (*Bulle* Salvatoris Domini, 1576. *tom.* 1. *p.* 58. *col.* 2.)

Sentences, Censures, peines ecclésiastiques, & autres voyes convenables de droit & de fait, qui seront sans appel.

Ils ne permettront pas que ceux [de la Société] soient molestés ou inquiétés, publiquement ni en secret, directement ni indirectement, tacitement ni expressement, sous couleur ou prétexte quelconque, par quelques personnes que ce pût être, fussent-elles revêtues de l'autorité Pontificale, Royale, ou de toute autre.

les meilleures, & les plus convenables pour ladite Société (6).

(6) Præcipitur in virtute ſanctæ obedientiæ & ſub pœnâ excommunicationis.... inhabilitatis ad quævis officia, ſuſpenſionis à divinis, & aliis Præpoſiti Generalis arbitrio reſervatis, ne quis noſtræ Societatis, publicè vel privatim, prælegendo ſeu conſulendo, multò etiam minùs libros conſcribendo, affirmare præſumat, licitum eſſe cuique perſonæ, quocumque prætextu tyrannidis, reges aut principes occidere, ſeu mortem eis machinari. Provinciales autem qui aliquid eorum reſciverint, nec emendaverint, aut non prævenerint incommoda quæ ex contrario ſequi poſſent, efficiendo ut hoc Decretum ſanctè obſervetur, non modò prædictas pœnas incurrere, ſed etiam officio privari vo-

---

(6) Il eſt défendu en vertu de la ſainte obéiſſance, & ſous peine d'excommunication .... d'incapacité à tous offices, de ſuſpenſe *à divinis*, & ſous telles autres peines qu'il plaira au Général de décerner, à toutes perſonnes de notre Société, d'oſer ſoutenir, ſoit en public ou en particulier, ſoit dans des leçons ou dans des conſultations, moins encore dans des livres qu'elles compoſeroient, qu'il eſt permis à *toute* perſonne, ſous quelque prétexte de tyrannie que ce ſoit, de tuer les Rois ou les Princes, ou de conſpirer contre leur vie. Le Général, Claude Aquaviva, a voulu que les mêmes peines ſoient encourues, & même celle de la privation de leur office, par les Provinciaux qui découvriroient que cette doctrine auroit été enſeignée en quelqu'une de ces manieres, ſans y mettre

Permet au Procureur-Général du Roi de faire intimer le Général & Société desdits soi-disans Jésuites sur ledit Appel comme d'abus sur lequel les Parties auront audience au premier jour ; lors du Jugement duquel Appel comme d'a-

luit P. Claudius. (*Tom.* 2. *p.* 5. *col.* 2. *c.* 5. *tit.* de Tyrannicidio.)

In virtute sanctæ obedientiæ commendatur Provincialibus, ne in suâ Provinciâ quidquam, quâcumque occasione, aut linguâ, evulgari patiantur à nostris, in quo de potestate summi Pontificis suprà Reges & Principes, aut de Tyrannicidio agatur, n si priùs recognitum Romæ & probatum sit. (*ibid. col.* 2.)

Iterum ordinamus.... ne quis in posterùm hanc materiam tractet, aut Libris editis aut scriptis quibuscumque, nec publicè disputet,

---

ordre, ou sans prévenir les inconvéniens qui en pourroient résulter, en faisant que ce Decret soit religieusement observé.

Il est recommandé en vertu de la sainte obéissance aux Provinciaux, de ne point permettre qu'il soit publié par les *Nôtres*, dans leurs Provinces [respectives,] à quelque occasion, & en quelque Langue que ce soit, aucun Ecrit dans lequel on agiteroit la question du Pouvoir du Souverain Pontife sur les Rois & les Princes, ou bien dans lequel on traiteroit du Tyrannicide ; à moins que cet Ecrit n'eût été examiné & approuvé à Rome.

Nous défendons de plus, que personne à l'avenir traite cette matière, soit dans des livres

bus, seront rapportés à la Cour tous Edits, Déclarations & Lettres-Patentes duement vérifiés en icelle, concernant ladite Société, pour être, sur le tout, conjointement statué & ordonné ce qu'il appartiendra.

aut doceat in Scholis : ut occasiones omnes offensionis & querelarum præcidantur. (*Ibid. p.* 6. *col.* 1.)

Si quis aliquid sentiret, quod discreparet ab eo quod Ecclesia & ejus Doctores communiter sentiunt; suum sensum definitioni ipsius Societatis debet subjicere. *Decl. in Const. tom.* 1. *p.* 375. *col.* 2.)

In opinionibus etiam, in quibus Catholici Doctores variant inter se, vel contrarii sunt, ut conformitas etiam in Societate sit, curandum est. (*Ibid. p.* 375. *col.* 2.)

Doctrinæ igitur differentes non admittantur;

---

imprimés, soit dans tous autres Ecrits; que personne en dispute publiquement, ni l'enseigne dans les Ecoles, afin de couper court à toutes occasions d'offenses & de plaintes.

Si quelqu'un [des Nôtres] avoit quelque sentiment différent de ce que l'Eglise & ses Docteurs enseignent, il doit soumettre son sentiment à la définition de la Société.

Dans les opinions même sur lesquelles il y a variété, & même opposition de sentimens parmi les Docteurs Catholiques, il faut faire ensorte qu'il y ait unanimité dans la Compagnie.

Que l'on ne souffre donc point qu'il y ait dif-

Ordonne que le présent Arrêt sera signifié sans délai aux Maisons de ladite Société qui sont dans la Ville de Paris, & dans un mois au plus tard à toutes les autres Maisons occupées, dans le ressort de la Cour, par ceux de ladite Société.

nec verbo in concionibus vel lectionibus publicis, nec scriptis libris, qui quidem edi non poterunt in lucem sine approbatione atque consensu Præpositi Generalis, qui eorum examinationem saltem tribus committat, sanâ doctrinâ & claro judicio in eâ facultate præditis; imò & judiciorum de rebus agendis diversitas.... nec quæ (conformitati & unioni) adversantur, permittenda. (*Const. part.* 3. *tom.* 1. *pag.* 372 & 373.)

Si aliqua summa vel liber Theologiæ Scholasticæ conficeretur, qui his nostris tempori-

---

férens sentimens dans la Société, soit de vive voix, en prêchant ou en enseignant publiquement; soit par écrit, dans les livres qui seront composés, lesquels ne pourront être imprimés & donnés au Public sans l'approbation & la permission du Général, qui en confiera l'examen à trois [des Nôtres] pour le moins, reconnus pour être d'une saine doctrine & capables de bien juger en pareille matiere. On ne doit pas même permettre qu'il y ait diversité de jugemens par rapport à la conduite... & à tout ce qui pourroit donner atteinte à une uniformité & une union [parfaite.]

S'il se faisoit quelque Somme ou Livre de Théologie Scolastique, qui parût plus

Et ſera le préſent Arrêt, lu, publié, imprimé, & affiché par-tout où beſoin ſera.

Fait en Parlement, toutes les Chambres aſſemblées, le 6 Août 1761.

bus accommodatior videretur..... (*Declar. in Conſt. part.* 4. *t.* 1. *p.* 397. *col.* 2.)

Omnes (ut plurimùm) eamdem Doctrinam quæ in Societate fuerit electa, ut melior & convenientior noſtris, ſequantur. Qui autem ſtudiorum curſum jam peregerit, advertat ne opinionum diverſitas conjunctioni charitatis noceat; & quoad ejus fieri poterit, Doctrinæ in Societate communiori ſe accommodet. (*Decl. in Conſt. part.* 8. *cap.* 1. *tom.* 1. *pag.* 426. *col.* 1.)

Signé, DUFRANC.

---

convenable à notre tems, elle pourra être enſeignée avec l'approbation du Général, &c.

Que tous ſuivent, pour l'ordinaire, la doctrine dont la Société aura fait choix, comme la meilleure & la plus convenable aux *Nôtres*. Quand on aura fini ſon cours d'études, qu'on prenne garde que la diverſité d'opinions ne nuiſe à l'union de la charité; & qu'on ſe conforme autant qu'on pourra à la doctrine qui eſt la plus commune dans la Société.

ARREST
DE LA COUR
DE PARLEMENT,

Du 6 Août 1761.

VU par la Cour, toutes les Chambres assemblées, le compte rendu en ladite Cour par l'un des Conseillers en icelle le 8 Juillet dernier, touchant la Doctrine, Morale & Pratique des Prêtres & Ecoliers soi-disans de la Société de Jesus; Arrêté dudit jour, portant que ledit compte seroit communiqué au Procureur Général du Roi; autre Arrêté du 18 dudit mois de Juillet, qui, sur le vu des Conclusions prises par le Procureur Général du Roi, ordonne que, tant ledit compte, que ladite Doctrine, Morale, & Pratique, seront vus & examinés par des Commissaires de la Cour; Vérification faite de ladite Doctrine meurtriere & attentatoire à la sûreté des Souverains sur les Livres imprimés de l'aveu & approbation de ladite Société, notamment:

Par *Emmanuel Sa*, Jésuite, en ses Aphorismes imprimés en 1590;

Par *Martin-Antoine Delrio*, Jésuite, en son Commentaire composé en 1589, & imprimé à Anvers en 1593;

Par *Robert Person*, autrement nommé *André Philopater*, Jésuite, en son Livre imprimé à Lyon la même année;

Par

Par le Livre de *Jean Aqua-Pontanus*, ou *Bridgwater*, Jésuite, imprimé pour la troisiéme fois en 1594;

Par *Robert Bellarmin*, Jésuite, en ses *Controverses* imprimées à Ingolstat en 1596;

Par *Louis Molina*, Jésuite, en son Livre *De Justitia & Jure*, imprimé en 1602;

Par *Alphonse Salmeron*, Jésuite, en son quatriéme Tome imprimé en 1602;

Par *Gregoire de Valence*, Jésuite, dans son *Comment. Théologiq.* imprimé à Ingolst. en 1603;

Par ledit *Alphonse Salmeron*, Jésuite, en son treisiéme Tome imprimé en 1604,

Par *Jean Mariana*, Jésuite, dans son Traité *De Rege & Regis institutione*, imprimé en 1605, & condamné par Arrêt de la Cour du 8 Juin 1610;

Par *Charles Scribani*, Jésuite, en son *Amphiteatre d'Honneur*, imprimé en 1606;

En l'année 1607 par *Jean Azor*, Jésuite, en ses *Institutions Morales*, imprimées à Lyon;

Par ledit *Robert Bellarmin*, Jésuite, en son Traité *De Autoritate summi Pontificis*, imprimé à Rome en 1610, & condamné par Arrêt de la Cour du 26 Novembre 1610;

Par *Jacques Gretzer*, Jésuite, en son Livre intitulé, *Vespertilio Hæreticus*, imprimé à Ingolstat en la même année 1610;

Par *Jacques Keller*, Jésuite, en son Livre intitulé *Tyrannicidium*, imprimé l'année suivante 1611;

Par *Gabriel Vasquez*, Jésuite, en son Commentaire imprimé à Ingolstat en 1612.

Par *François Suarez*, Jésuite, en son Livre intitulé, *Defensio Fidei Catholicæ*, imprimé en 1614, condamné au feu par Arrêt de la Cour du 26 Juin de la même année;

Par *Jean Lorin*, Jésuite, en son *Commentaire des Pseaumes*, imprimé à Lyon en 1617 ;

En la même année par *Léonard Lessius*, Jésuite, en son Traité *de Justitiâ & Jure*, imprimé à Anvers pour quatriéme Edition ;

Par *François Tolet*, Jésuite, en son *Instruction des Prêtres*, imprimée à Paris en 1619 ;

En 1626, par le Livre d'*Antoine Santarel*, Jésuite, flétri par Arrêt de la Cour du 13 Mars audit an ;

Par *Adam Tanner*, Jésuite, en sa *Théologie Scholastique*, imprimée à Ingolstat en 1627 ;

Par *Martin Bécan*, Jésuite, en ses *Opuscules Théologiques*, imprimés à Paris en 1633 ;

Par autre Ouvrage dudit *Martin Bécan*, Jésuite, imprimé à Paris en 1634 ;

Par *Edmond Pirot*, Jésuite, en son *Apologie des Casuistes*, imprimée en 1657 ;

Par *Antoine Escobar*, Jésuite, en sa *Théologie Morale*, imprimée à Lyon en 1659 ;

Par *Jacques Tirin*, Jésuite, en son *Commentaire sur l'Ecriture sainte*, imprimé pour la seconde Edition à Anvers en 1668 ;

Depuis 1688, jusqu'en 1729, par les Editions multipliées jusqu'au nombre de cinquante, ainsi que l'attestent les Jésuites Auteurs du Journal de Trévoux, du Livre d'*Herman Busembaum*, Jésuite ;

Par *Claude Lacroix*, Jésuite, & par *Colendall*, Jésuite, Commentateur & Editeur dudit *Busembaum* ;

Par *Joseph Jouvency*, Jésuite, en 1710, en son *Histoire de ladite Société*, condamnée par Arrêt de la Cour du 24 Mars 1713.

En Août 1729, par les Jésuites Auteurs du Journal de Trévoux, contenant les Eloges du Livre desdits *Busembaum* & *Lacroix* ;

En 1738, par autre Edition de l'Ouvrage de *Gretzer*, Jésuite, intitulé *Vespertilio Hæreticus*;

Enfin, par *Montauzan*, Jésuite, par *Colonia*, Jésuite, & par autres Jésuites, jusqu'à la derniere Edition dudit Livre desdits *Busembaum* & *Lacroix*, Jésuites, faite en 1757:

Conclusions du Procureur Général du Roi: Oui le Rapport de Me Joseph-Marie Terray, Conseiller; tout considéré:

LA COUR, toutes les Chambres assemblées, a ordonné & ordonne que les Livres intitulés: *Emmanuelis Sa, Doctoris Theologi, Societatis Jesu, Aphorismi Confessariorum; Coloniæ*, 1590:

Martini Antonii Delrii, ex Societate Jesu, Sintagma Tragediæ latinæ; Antuerpiæ, 1593.

Elisabethæ Angliæ Reginæ hæresim Calvinianam propugnantis sævissimum in Catholicos sui Regni edictum, quod in alios quoque Reipublicæ Christianæ Principes contumelias continet indignissimas, per D. Andræam Philopatrum; Lugduni, 1793:

Concertatio Ecclesiæ Catholicæ in Angliâ adversus Calvino-Papistas; Augustæ Trevirorum, 1594:

Disputationes Roberti Bellarmini, è Societate Jesu, de Controversiis Christianæ Fidei adversùs hujus temporis hæreticos; cui accesserunt ejusdem Auctoris Libri tres de Romani Imperii à Græcis ad Francos, Romani Pontificis auctoritate, factâ translatione; Ingolstadii, 1596:

Ludovici Molinæ, primarii quondam in Eborensi Academiâ Sac. Theol. Professoris, è Societate Jesu, de Justitiâ & Jure; Moguntiæ, 1602:

Alphonsi Salmeronis, Toletani, è Societate Jesu Theologi, Commentarii in Evangelicam Historiam & in Acta Apostolorum, tom. IV. Permissu Superiorum; Coloniæ Agrippinæ, 1602:

Gregorii de Valentia Metimnensis, è Societate Jesu, Sac. Theol. in Academiâ Ingolstadiensi Professoris, Commentariorum Theologicorum; Ingolstadii, 1603.

Alphonsi Salmeronis Toletani, è Societate Jesu Theologi, Commentarii in omnes Epistolas B. Pauli & Canonicas, Tom. XIII, Permissu Superiorum; Coloniæ Agrippinæ, 1604:

Clari Bonarscii Amphiteatrum honoris, in quo Calvinistarum in Societatem Jesu criminationes jugulatæ, Palæopoli Aduaticorum 1606.

Institutionum Moralium, in quibus universæ Quæstiones ad conscientiam rectè aut pravè factorum pertinentes breviter tractantur; Auctore Joanne Azorio, Lorcitano, Societatis Jesu, Presbytero Theologo; Lugduni, 1607.

Tyrannicidium; seu scitum Catholicorum de Tyrannni internecione, Auctore Jacobo Kellero, Societatis Jesu; Monachii 1612:

Commentariorum ac Disputationum in primam secundæ Sancti Thomæ, Auctore P. Gabriele Vasquez, Bellomontano, Theologo Societatis Jesu; Ingolstadii, 1612:

Joannis Lorini, Societatis Jesu, Commentariorum in librum psalmorum; Lugduni, 1617:

De Justitiâ & Jure, cæterisque virtutibus Cardinalibus libri quatuor, Auctore Leonardo Lessio, è Societate Jesu, Sacræ Theologiæ in Academiâ Lovaniensi Professore. Editio quarta auctior & castigatior; Antuerpiæ, 1617:

Francisci Toleti, Societatis Jesu, Instructio Sacerdotum; Lutetiæ Parisiorum, juxta exemplar Romæ editum, anno 1618; apud Barth. Zannetum, 1619:

Adami Tanneri, è Societate Jesu, Sac. Theologiæ Doctoris, & in Academiâ Ingolstad. Profess. Theologiæ Scholasticæ; Ingolstadii, 1627:

Opuscula Theologica Martini Becani, Societatis

Jesu Theologi Doctissimi, in Academiâ Moguntinâ Profess. ordinarii; Parisiis, 1643:

Summa Theologiæ Scholasticæ, Auctore Martino Becano, Societatis Jesu Theologo Doctissimo, in Academiâ Moguntinâ Professore ordinario; Parisiis, 1634:

Apologie pour les Casuistes contre les calomnies des Jansénistes; Paris, 1657:

Liber Theologiæ Moralis viginti-quatuor Societatis Jesu Doctoribus reseratus, quem R. P. Antonius de Escobar & Mendoza Vallisoletanus, è Societate Jesu Theologus, in examen Confessariorum digessit, addidit, illustravit; Lugd. 1659:

Jacobi Tirini, Antuerpiani, è Societate Jesu, in sacram Scripturam Commentarius; Antuerpiæ, 1668:

Hæreticus Vespertilio sub Bononiensis Epistolæ Italo-Latinæ velo de perfectione & excellentiâ Jesuitici Ordinis anteà delitescens, nunc, quod benè vertat, in lucem extractus, per Jacobum Gretserum, Societatis Jesu Theologum: Jacobi Gretseri Soc. Jesu Theologi Operum, Tom. XI. Ratisbonnæ, 1738:

Hermanni Busembaum, Societatis Jesu, Sac. Theol. Licentiati, Theologia Moralis, nunc pluribus partibus aucta à R. P. Claudio Lacroix, Societatis Jesu, Theologiæ in Universitate Coloniensi Doctore & Professore publico. Editio novissima diligenter recognita & emendata ab uno ejusdem Societatis Jesu Sacerdote Theologo; Coloniæ, 1757:

Seront lacérés & brûlés en la Cour du Palais, au pied du grand escalier d'icelui, par l'Exécuteur de la Haute-Justice, comme séditieux, destructifs de tout principe de la Morale Chrétienne, enseignant une Doctrine meurtriere & abominable, non-seulement contre la sûreté de la vie des Citoyens, mais même contre celle des personnes sacrées des Souverains : Enjoint à tous ceux qui en ont des Exemplaires, de les apporter au Greffe de la Cour pour y être supprimés : fait très-expresses inhibitions & défenses à tous Libraires, de réimprimer, vendre ou débiter lesdits Livres, ou aucun d'iceux, & à tous Colporteurs, Distributeurs, ou autres, de les colporter ou distribuer, à peine d'être poursuivis extraordinairement, & punis suivant la rigueur des Ordonnances : Ordonne qu'à la requête du Procureur Général du Roi, il sera informé pardevant le Conseiller-Rapporteur pour les Témoins qui seroient en cette Ville, & pardevant les Lieutenans-Criminels des Bailliages & Sénéchaussées du ressort, & autres Juges des cas royaux, à la poursuite des Substituts du Procureur Général du Roi, contre tous ceux qui auroient contribué à la composition, approbation ou impression d'aucuns desdits Livres, ou qui les retiendroient entre leurs mains, ensemble contre tous Imprimeurs & Distributeurs desdits Livres, notamment de celui qui porte pour titre :

Hermanni Busembaum, Societatis Jesu, Sac. Theol. Licentiati, Theologia moralis, nunc pluribus partibus aucta à R. P. Claudio Lacroix, Societatis Jesu, Theologiæ in Universitate Coloniensi Doctore & Professore publico. Editio novissima diligenter recognita & emendata ab uno ejusdem Societatis Jesu Sacerdote Theologo; Coloniæ 1757.

Et pour statuer définitivement sur ce qui résulte desdits Livres & du récit fait à la Cour le 8 Juillet dernier, au sujet de l'enseignement constant & non interrompu de ladite Doctrine dans ladite Société desdits soi-disans Jésuites ; ainsi que de l'inutilité de toutes déclarations, désaveux & rétractations faites à ce sujet, résultante des Constitutions desdits Prêtres, Ecoliers & autres de ladite Société; joint la délibération à l'appel comme d'abus cejourd'hui interjetté par le Procureur Général du Roi de la Bulle *Regimini*, & de tous autres Actes qui s'en sont ensuivis concernant ladite Société, sauf à disjoindre s'il y échet.

Et cependant, par provision, jusqu'à ce qu'il ait été statué sur ledit appel comme d'abus & objets qui y sont joints, ou autrement par la Cour ordonné, fait très-expresses inhibitions & défenses à tous Sujets du Roi, de quelqu'état, qualité & condition qu'ils soient, d'entrer dans ladite Société, soit à titre de probation ou Noviciat, soit par émission de Vœux, dits solemnels ou non-solemnels; & à tous Prêtres, Ecoliers & autres de ladite Société de les y recevoir, assister à leur ingression ou émission de vœux, en rédiger ou signer les actes; le tout sous telles peines qu'il appartiendra : Fait pareillement inhibitions & défenses auxdits Prêtres, Ecoliers & autres de ladite Société, de recevoir, sous quelque prétexte que ce soit, dans leurs Maisons, aucun membre de ladite Société né en Pays Etrangers, même d'y recevoir tous membres de ladite Société naturels François, qui feroient à l'avenir hors du Royaume les vœux dits solemnels ou non solemnels : le tout à peine d'être, les contrevenans, poursuivis extraordinairement, & punis comme perturbateurs du repos public. Fait pareillement inhibitions & défenses par provision auxdits Prêtres, Ecoliers & autres de ladite Société, de continuer aucunes Leçons publiques ou particulieres de Théologie, Philosophie ou Humanités, dans les Ecoles, Colléges & Séminaires du reſſort de la Cour, ſous peine de ſaiſie de leur temporel, & ſous telle autre peine qu'il appartiendra ; & ce à compter du premier Octobre prochain, tant pour les Maiſons de ladite Société qui ſont ſituées à Paris, que pour celles qui ſont ſituées dans les Villes du reſſort de la Cour, où il y auroit autres Ecoles ou Colléges que ceux de ladite Société ; & du premier Avril prochain ſeulement pour celles qui ſont ſituées dans les Villes du Reſſort de la Cour, où il n'y auroit autres Ecoles ou Colléges que ceux de ladite Société, ou dans leſquelles ceux de ladite Société ſe trouveroient remplir quelqu'une des Facultés des Arts ou de Théologie dans l'Univerſité qui y ſeroit établie : & néanmoins, dans le cas où leſdits Prêtres, Ecoliers ou autres de ladite Société prétendroient avoir obtenu aucunes Lettres-Patentes duement vérifiées en la Cour, à l'effet de faire leſdites fonctions de Scholarité, permet auxdits Prêtres, Ecoliers & autres de ladite Société, de les repréſenter à la Cour, toutes les Chambres aſſemblées, dans les délais ci-deſſus preſcrits, pour être par la Cour ſur le vu d'icelles & ſur les Concluſions du Procureur Général du Roi, ordonné ce que de raiſon : Fait très-expreſſes inhibitions & défenſes à tous les Sujets du Roi, de fréquenter, après l'expiration deſdits délais, les Ecoles, Penſions, Séminaires, Noviciats & Miſſions deſdits ſoi-diſans Jéſuites : Enjoint à tous Etudians, Penſionnaires, Séminariſtes & Novices, de vuider les Colléges, Penſions, Séminaires, & Noviciats de ladite Société dans les délais ci-deſſus fixés ; & à tous Peres, Meres, Tuteurs, Curateurs, ou autres Ayans charge de l'éducation deſdits Etudians, de de les en retirer ou faire retirer, & de concourir, chacun à leur égard, à l'exécution du présent Arrêt, comme de bons & fideles Sujets du Roi, zélés pour sa conservation : Leur fait pareillement défenses d'envoyer lesdits Etudians dans aucuns Colléges ou Ecoles de ladite Société tenus hors du ressort de la Cour ou hors du Royaume ; le tout à peine, contre les contrevenans, d'être réputés Fauteurs de ladite doctrine impie, sacrilége, homicide, attentatoire à l'autorité & sûreté de la personne des Rois ; & comme tels, poursuivis suivant la rigueur des Ordonnances : Et quant auxdits Etudians, déclare tous ceux qui continueroient, après l'expiration desdits délais, de fréquenter lesdites Ecoles, Pensions, Colléges, Séminaires, Noviciats & instructions desdits soidisans Jésuites, en quelque lieu que ce puisse être, incapables de prendre ni recevoir aucuns degrés dans les Universités, & de toutes Charges Civiles & Municipales, Offices ou Fonctions publiques; se réservant, ladite Cour, de délibérer le Vendredi 8 Janvier prochain sur les précautions qu'elle jugera devoir prendre au sujet des contrevenans, si aucuns y avoit.

Et desirant ladite Cour pourvoir suffisamment à l'éducation de la Jeunesse, ordonne que dans trois mois, pour toute préfixion & délai, à compter du jour du présent Arrêt, les Maires & Echevins des Villes du ressort de la Cour où il n'y auroit autres Ecoles ou Colléges que ceux de ladite Société, ou dans lesquelles ceux de ladite Société rempliroient les Facultés des Arts ou de Théologie dans les Universités qui y seroient établies, comme aussi les Officiers des Bailliages & Sénéchaussées, ensemble lesdites Universités, seront tenus d'envoyer au Procureur Général du Roi, chacun séparément, Mémoires contenans ce qu'ils estimeront convenable à ce sujet, pour, ce fait, ou faute de ce faire, être par la Cour, toutes les Chambres assemblées, ordonné, sur les conclusions du Procureur Général du Roi, ledit jour Vendredi 8 Janvier prochain, ce qu'il appartiendra.

Fait dès-à-présent & par provision, très-expresses inhibitions & défenses à tous Sujets du Roi, de quelque état, qualité & condition qu'ils soient, de s'aggréger ou affilier à ladite Société, soit par un vœu d'obéissance au Général d'icelle, ou autrement, ainsi qu'à tous Prêtres, Ecoliers ou autres de ladite Société, de faire ou recevoir lesdites affiliations ou aggrégations; le tout sous peine d'être poursuivis extraordinairement & punis suivant l'exigence des cas.

Comme aussi, fait ladite Cour inhibitions & défenses à tous Sujets du Roi, de quelqu'état, qualité & condition qu'ils soient, sous telles peines qu'il appartiendra, de s'assembler avec lesdits Prêtres, Ecoliers ou autres de ladite Société en leurs Maisons ou ailleurs, sous prétexte de Congrégations, Associations, Confrairies, Conférences, ou autres exercices particuliers.

Défend auxdits Prêtres, Ecoliers, & autres de ladite Société, d'entreprendre de se soustraire directement ou indirectement, & sous quelque prétexte que ce puisse être, à l'entiere inspection, superintendance & Jurisdiction des Ordinaires.

Ordonne que le présent Arrêt sera signifié sans délai aux Maisons de ladite Société qui sont dans la ville de Paris, & dans un mois au plus tard, à toutes les autres Maisons occupées, dans le ressort de la Cour, par ceux de ladite Société; leur enjoint de s'y conformer sous les peines y portées.

Ordonne que Copies collationnées du présent Arrêt, ainsi que de celui rendu cejourd'hui par la Cour, sur l'appel comme d'abus interjetté par le Procureur Général du Roi, de la Bulle *Regimini*, & Actes concernans ladite Société, seront envoyés à tous les Bailliages & Sénéchaussées du Ressort, pour y être lûes, publiées & registrées : Enjoint aux Substituts du Procureur Général du Roi d'y tenir la main, & d'en certifier la Cour au mois : Enjoint aux Officiers desdits Siéges de veiller, chacun en droit soi, à la pleine & entiere exécution du présent Arrêt, qui sera imprimé, lu, publié & affiché par-tout où besoin sera. Fait en Parlement, toutes les Chambres assemblées, le 6 Août 1761. *Collationné*, LANGELE".

Signé, DUFRANC.

Et le sept Août audit an mil sept cens soixante-un, à la levee de l'Audience du Rôle, les Ecrits mentionnés en l'Arrêt ci-dessus ont été lacérés & brûlés dans la Cour du Palais au pied du grand escalier d'icelui, par l'Exécuteur de la Haute-Justice, en présence de moi François-Louis Dufranc, l'un des trois premiers & principaux Commis servant à la Grand'-Chambre, assisté de deux Huissiers de la Cour.

Signé, DUFRANC.

ARRÊTÉS DE LA COUR DE PARLEMENT,

Du 6 Août 1761.

ARRESTE' que les Gens du Roi rendront compte demain en la Cour, toutes les Chambres assemblées, dix heures du matin, de la Publication, Affiche & Impression des deux Arrêts cejourd'hui rendus par la Cour, ainsi que de leurs significations aux Maisons de la Société des soi-disans Jésuites qui sont à Paris; & Vendredi 8 Janvier prochain, de l'exécution de tout le surplus du contenu auxdits deux Arrêts.

ARRESTE' en outre que M. le Premier Président sera chargé de porter au Roi une expédition, tant du récit fait à la Cour, le 17 Avril dernier par l'un des Conseillers en icelle, que du Compte rendu par les Gens du Roi le 3 Juillet dernier & jours suivans, & du second récit fait à la Cour le 8 Juillet dernier par l'un des Conseillers en icelle, à l'effet de mettre ledit Seigneur Roi en état de connoître par lui-même l'Institut, les Constitutions, la Doctrine & la conduite constante desdits Prêtres, Ecoliers, & autres de ladite Société, se disant de

Jesus, & la nécessité indispensable où s'est trouvé son Parlement de rendre l'Arrêt de ce jour, pour préserver les Sujets du Roi, & surtout les Etudians, qui sont l'espérance & le renouvellement de l'Etat, de l'enseignement d'une Doctrine aussi pernicieuse qu'exécrable.

www.ingramcontent.com/pod-product-compliance
Ingram Content Group UK Ltd.
Pitfield, Milton Keynes, MK11 3LW, UK
UKHW022136170726
13837UKWH00004B/1598